〈궁궐〉은 초등학교 사회 3학년 2학기 [2. 시대마다 다른 삶의 모습]와 5학년 2학기 [2. 사회의 새로운 변화와 오늘날의 우리]에 수록되어 있는 내용으로서, 옛날 임금님과 그 가족이 살았던 궁궐에 대한 이야기예요.

추천·감수

정동찬 | 연세대학교 대학원 사학과를 졸업했습니다. 신지식인으로 문화관광부 문화재위원회 문화재 전문위원, 한국박물관학회와 한국과학사학회 이사, 과학기술 앰배서더로 활동하였습니다.

윤용현 | 고려대학교 대학원 문화재학과를 졸업했습니다. 전북도청 문화재분과 조사·심사위원, 한국산업기술사학회 편집위원을 지냈습니다. 현재 국립중앙과학관 학예연구관으로 있습니다.

윤대식 | 충북대학교 대학원 사학과를 졸업하고, 청주 백제유물전시관 학예연구사를 역임하였습니다. 현재 국립중앙과학관 학예연구사로 있습니다.

송명호 | 한국아동문학회 회장, 한국문인협회 상임이사, 국제펜클럽 한국본부 이사를 지냈습니다. 제1회 문화관광부 5월 예술상, 제1회 소년한국문학상, 소천아동문학상, 한국문학상, 대한민국문학상, 국제펜문학상을 받았습니다.

이상배 | 〈월간문학〉 신인상에 동화 '엄마 열목어'가 당선되었고, 대한민국문학상, 한국동화문학상, 한국아동문학상, 김동리문학상, 어린이도서상(기획편집) 등을 받았습니다.

글 봉현주

대학을 졸업한 뒤, 2002년 한국일보 신춘문예에 '보리암 스님'이 당선되면서 동화를 쓰기 시작했습니다. 쓴 책으로는 〈상근아 놀자〉, 〈노란 우체통〉, 〈짬뽕 가족〉 등이 있습니다.

그림 강미선

덕성여자대학교 산업미술학과 시각디자인을 전공했습니다. 그린 책으로는 〈연둣빛 나라〉, 〈아빠나무〉, 〈1분이면 마음이 열립니다〉, 〈내 귀가 되어 줄래?〉, 〈해야, 고마워〉, 〈귀할수록 비싸요〉 등이 있습니다.

09 전통문화 대장간

장원 급제한 세자마마

총기획 및 발행인 박연환 **발행처** 한국톨스토이 **출판등록** 제406-2008-000061호
본사 경기도 성남시 분당구 금곡동 444-148 한국헤르만헤세 빌딩
대표전화 (031)715-8228 **팩스** (031)786-1001 **고객문의** 080-470-7722
편집 백영민, 송정호, 이승희, 윤정민 **디자인** 이성숙, 김란희, 이혜영, 김양희
이미지 제공 경기도박물관, 국립중앙박물관, 고양화장실전시관, 목탄연구소, 세종대왕기념사업회, 옹기민속박물관, 육군박물관, 연합포토, 이종백, 포인스닷컴, 청주고인쇄박물관, 화폐박물관

www.tolstoi-book.co.kr

이 책의 저작권은 **한국톨스토이**에 있습니다. 본사의 동의나 허락 없이는 어떠한 방법으로도 내용이나 그림을 사용할 수 없습니다.

⚠ 주의 : 본 교재를 던지거나 떨어뜨리면 다칠 우려가 있으니 주의하십시오. 고온 다습한 장소나 직사광선이 닿는 장소에는 보관을 피해 주십시오.

〈전통문화 대장간〉은 한국일보사가 주최하고 교육과학기술부, 대한출판문화협회에서 후원하여 국내 최고의 교육 제품을 선정하는 **한국교육산업대상**을 받았으며, 세계적인 **이탈리아 볼로냐 국제아동도서전 라가치상**에 출품하여 높은 평가를 받은 우수한 도서입니다.

09 백두한라 문화관
궁궐

장원 급제한 세자마마

글 봉현주 | 그림 강미선

한국톨스토이

"세자마마, 어서 일어나세요."
오늘도 세자마마는
보모상궁의 잔소리를 들으며 일어났어요.
"벌써 아침이야?"
"벌써라뇨, 해님이 저만큼 떴는데요."
보모상궁은 서둘러 세자마마를 씻기고 입혀서
중희당에서 데리고 나왔어요.

쏙쏙 신토불이

창덕궁 중희당은 세자가 생활하는 곳으로 동궁이라고도 해요. 궁궐의 동쪽에 있다고 해서 붙여진 이름이에요.

세자마마는 상감마마에게 문안 인사를 드리러
희정당으로 갔어요.
"아바마마, 편안히 주무셨습니까?"
"오냐, 너도 잘 잤느냐?"
상감마마는 대답 끝에 한마디 했어요.
"요즘도 공부할 때 장난치고 그러느냐?"
"요즘은 안 그래요."
세자마마는 냉큼 대답하고 밖으로 나왔어요.

오늘은 희정당으로 친구들을 불러 차나 한잔 마실까?

쏙쏙 신토불이

창덕궁 희정당은 상감마마가 평상시에 머무는 곳이에요. 처음에 세워졌던 것은 임진왜란 때 불타 없어지고, 지금 있는 건물은 1920년에 다시 세워진 거래요.

세자마마는 쫄래쫄래 대조전으로 갔어요.
대조전은 중전마마가 사는 곳으로
희정당과 연결되어 있었어요.
"어마마마, 편안히 주무셨습니까?"
"오냐, 너도 잘 잤니?"
세자마마는 쪼르르 중전마마에게로 다가가
볼에 쪽 뽀뽀를 했어요.
"호호, 우리 세자가 아직 아기구나!"
중전마마가 웃으며 세자마마의 엉덩이를 토닥거렸어요.

대조전에서 나오자 보모상궁이 잔소리를 했어요.
"부끄럽지도 않습니까? 다 커서 뽀뽀라니……."

"그게 뭐 어때서. 어마마마한테 뽀뽀하는 게 잘못이야?"
세자마마는 혀를 쏙 내밀어 보이고는 후닥닥 승화루로 갔어요.

쏙쏙 신토불이

대조전은 중전마마가 생활하는 내전 중 으뜸가는 건물이에요. 임진왜란 때 불타고, 그 뒤에도 여러 번 화재를 당했어요. 지금 건물은 1920년에 경복궁의 교태전을 헐어 창덕궁에 옮겨 지은 것이랍니다.

승화루에는 벌써 선생님들이 와 있었어요.
"오늘은 논어를 공부하겠습니다."
선생님 말씀에 세자마마는 책을 펼쳤어요.
"공자님께서 말씀하시기를……."
선생님이 먼저 책을 읽기 시작했어요.
세자마마는 따라 읽다가 그만 하품을 아함!
"잠깐 잠 좀 깨고 올게요."
세자마마는 얼른 밖으로 나왔어요.

밖으로 나와 보니 호위 병사들이 꾸벅꾸벅.
세자마마는 살금살금 병사들에게 다가갔어요.
"히히, 깜짝 놀라게 해 줘야지."
그리고는 병사들 머리에 돌멩이를 슬쩍 올려놓고
승화루를 총총 빠져나왔어요.

금강산도 식후경이라고
세자마마는 살금살금 소주방으로 갔어요.
소주방에는 상궁과 궁녀들이 정말 많았어요.
'어떤 게 맛있을까?'
세자마마는 가만히 기회를 엿보다가
재빨리 약과 하나를 들고 후원으로 달려갔어요.

쏙쏙 신토불이

궁궐에서 음식 만드는 곳을 소주방이라고 해요. 소주방은 내소주방과 외소주방이 있는데, 내소주방에서는 임금의 아침과 저녁 수라를 짓고, 외소주방에서는 잔치와 제사 음식을 만들었어요.

세자마마는 후원의 부용지에 다다르자마자
큰 소리로 외쳤어요.
"야호, 오늘은 나도 자유다."
부용지의 물고기들이 깜짝 놀라
이리 휙! 저리 휙!
새들도 화들짝 놀라 포르르 날아갔어요.

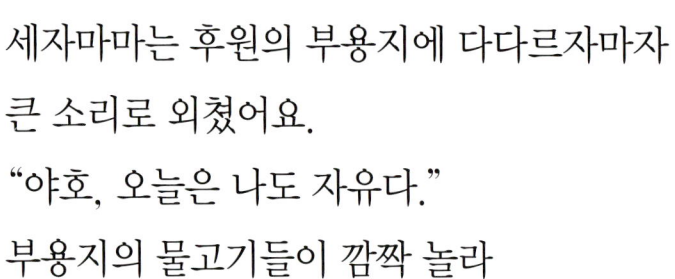

그때 영화당 쪽에서 이상한 소리가 났어요.
세자마마는 살금살금 영화당으로 갔어요.
영화당에서는 과거 시험이 치러지고 있었지요.
'나도 과거 시험을 한번 봐 볼까?'
세자마마는 슬그머니 사람들 틈에 끼어 시험을 보았어요.
이돌쇠라는 이름으로요.

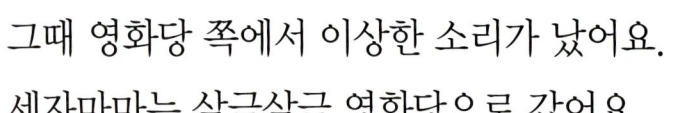

영화당은 조선 시대 과거 시험장으로 사용되었던 건물이에요. 영화당 앞쪽 마당을 '춘당대'라고 불렀어요.

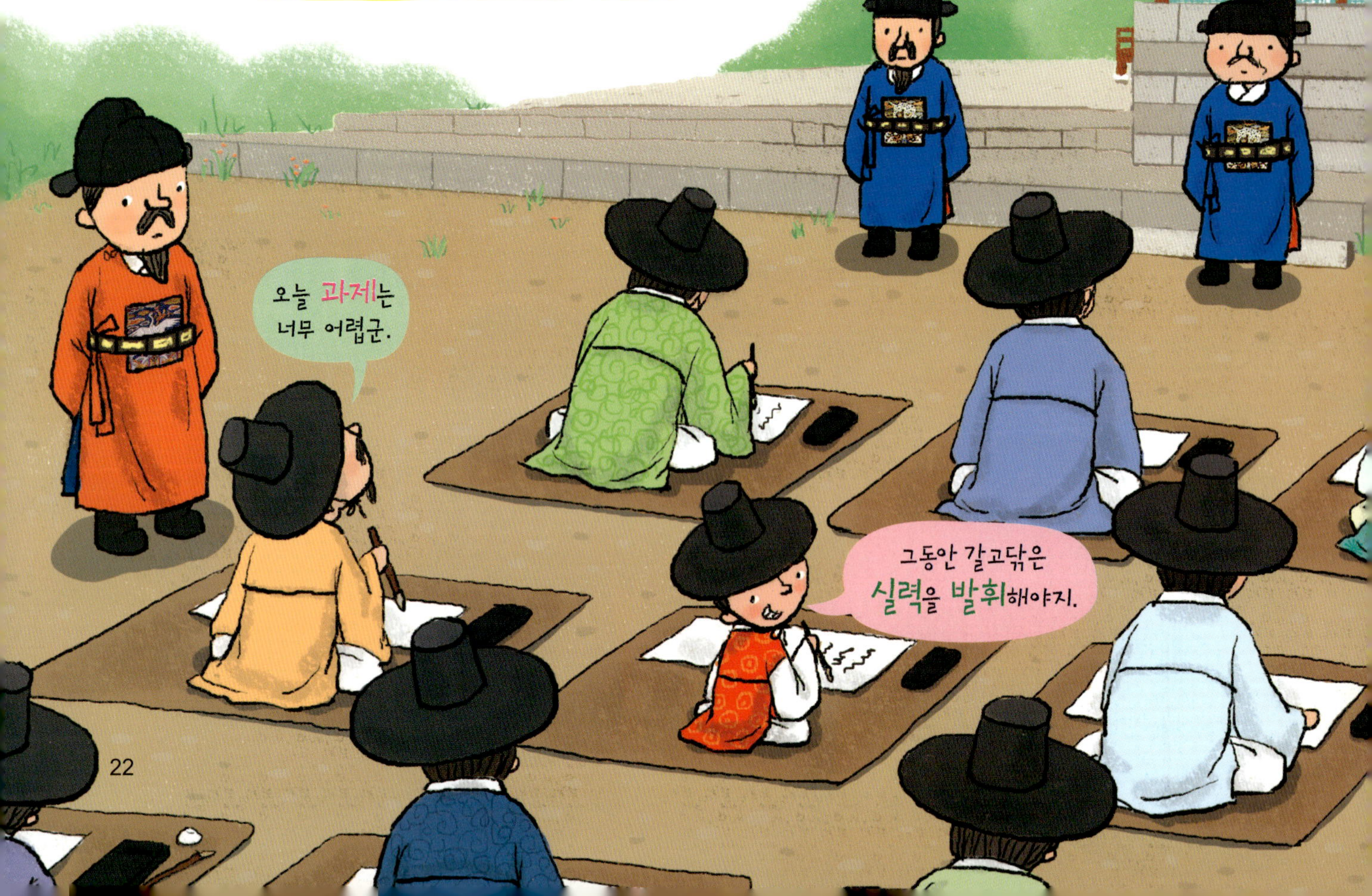

오늘 과제는 너무 어렵군.

그동안 갈고닦은 실력을 발휘해야지.

과거 시험이 끝나자
사람들은 춘당대에 모여 결과를 기다렸어요.
세자마마도 사람들 틈에 끼어 결과를 기다렸지요.
"이번엔 누가 장원 급제할까?"
"글쎄, 지난번처럼 성균관 유생이 할까?"
그때 시험관이 앞으로 나왔어요.
"오늘의 장원 급제는…… 바로 이돌쇠요."

세자마마는 고개를 푹 숙인 채
영화당으로 올라갔어요.
"저 꼬마가 장원 급제를 했다고?"
사람들이 수군거리기 시작했어요.
용상에 앉아 있던 상감마마도 신기한 듯 보았어요.
그러다 화들짝 놀라 소리쳤어요.
"아니, 너는 세자가 아니더냐!"
신하들도 입을 쩍 벌리고 보았지요.

상감마마는 선정전에서 회의를 했어요.
세자마마를 어떻게 할까 하는 회의였지요.
"세자마마의 장난이 너무 심했습니다."
"하지만 장원 급제를 하지 않았습니까."
상감마마는 어찌할 바를 몰랐어요.
그때 한 신하가 좋은 의견을 내놓았어요.
"장원 급제한 걸 보니 세자마마도 다 크셨습니다.
그러니 장가를 보내는 게 어떻겠습니까?"

둥기둥 둥당~
아악이 울려 퍼지는 가운데
인정전에서 세자마마의 가례식이 열렸어요.
"나이는 어려도 의젓하시군."
"그럼, 장원 급제까지 하셨는데."
신하들은 세자마마를 보며 흐뭇해했어요.
상감마마와 중전마마도 활짝 웃었어요.

밤이 되었어요.
창덕궁의 모든 건물에서 불이 꺼지고
돈화문도 굳게 닫혔어요.
"지금쯤 세자마마도 잠자리에 드셨겠지?"
"부디 좋은 꿈 꾸셔야 할 텐데."
병사들은 궁궐의 모든 사람들이 편안히 잘 수 있도록
두 눈 부릅뜨고 궁궐을 지켰답니다.

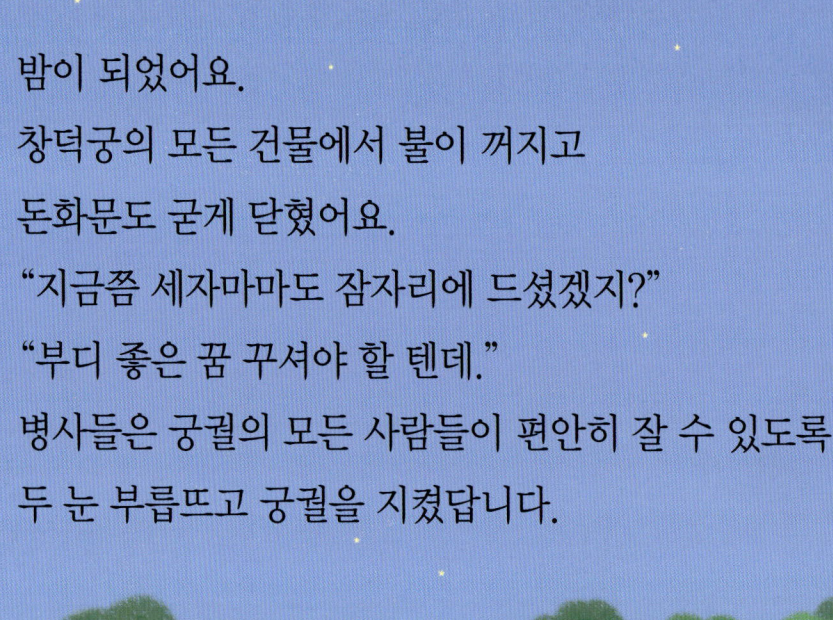

돈화문은 창덕궁의 정문이에요. 아울러 궁궐을 지키는 병사들은 암호로 서로를 확인했어요.

쏙쏙 우리문화 족집게

조선의 3대 왕궁은 무엇일까요?

조선은 중국에서 받아들인 유교를 바탕으로 하는 국가였어요. 그래서 궁궐도 중국의 궁궐을 본떠 지었지요. 하지만 조선의 환경과 문화에 어울리는, 검소하고 수수한 궁궐을 완성해 냈어요. 이런 조선의 궁궐에 대해 알아볼까요?

조선의 첫 궁궐, 경복궁

조선을 세운 이성계가 1395년에 세운 조선의 첫 궁궐이에요. 광화문, 흥례문은 궁궐로 들어가는 문이고, 아름다운 경회루는 연회를 베풀었던 장소이지요. 임진왜란으로 모두 무너진 것을 고종 때 다시 세워 제 모습을 찾았지만, 일제 강점기에 또다시 궁궐의 모습이 크게 망가져서 여러 번 공사를 했답니다.

▲ 경복궁의 정문인 광화문

가장 오랫동안 사용된 궁궐, 창덕궁

조선 태종이 1405년에 세운 궁궐이에요. 규모는 경복궁보다 작았지만, 조선의 궁궐 중 가장 오랫동안 왕이 머무는 곳으로 사용되었어요. 정문인 돈화문은 현재 남아 있는 궁궐의 문 가운데 가장 오래된 것이에요. 비원으로 잘 알려진 후원은 정자, 연못, 나무 등이 어우러진 아름다운 곳이랍니다.

▲ 창덕궁의 정문인 돈화문

왕비들의 생활 공간이 잘 갖추어진 창경궁

조선 성종이 1483년에 세 대비, 곧 세조 비 정희 왕후, 덕종 비 소혜 왕후, 예종 비 안순 왕후를 위해 세운 궁궐이에요. 그래서인지 왕비들의 생활 공간은 잘 갖추어져 있었지만, 나랏일을 위한 왕의 공간은 다른 궁궐에 비해 부족했어요. 일제 강점기 때 놀이 공간으로 바뀌어 '창경원'이라고 불리다가, 1980년대 중반에 비로소 '창경궁'이란 이름을 되찾았어요.

▲ 창경궁의 정문인 홍화문

세계 문화유산으로 지정된 창덕궁

조선의 5대 궁궐은 경복궁, 창덕궁, 창경궁, 경희궁, 경운궁이에요. 이 가운데 원래의 모습이 가장 잘 남아 있는 궁궐은 창덕궁이에요. 창덕궁은 건물들이 산자락의 골짜기에 안기도록 지어져, 자연과 잘 어우러져 있어요. 바로 이 점이 세계적으로 인정받아 1997년에 유네스코 세계 문화유산으로 지정되었답니다.

▲ 창덕궁 전경

똑똑 교과서 X-파일

세계 여러 나라의 궁전은 각각 어떤 특징이 있을까요?

세계 여러 나라는 서로 다른 문화적 특징을 발전시켜 왔어요. 그에 따라 궁전의 형태도 다양하지요. 조선이 중국의 건축 문화를 흉내 내기도 하고, 오스만 제국이 프랑스의 궁전을 본뜨기도 했지만, 각기 독특한 형태로 발전시켰답니다. 아시아와 유럽의 궁전들을 만나 볼까요?

원래는 사냥용 별장이었던 것을 루이 14세가 화려한 궁전으로 탈바꿈시켰어.

▲ 프랑스의 베르사유 궁전

프랑스의 베르사유 궁전을 본떠서 지은 이 궁전에는 영국 빅토리아 여왕에게 선물받은 샹들리에가 매달려 있어.

▲ 오스만 제국의 돌마바흐체 궁전

동서 너비가 424미터, 남북 너비가 340미터나 돼. 1981년에 유네스코 세계 문화유산으로 지정되었어.

▲ 무굴 제국의 라호르 성

전통문화 대장간 교과 수록 및 연계

권	주제	제목	교과 수록 및 연계
1	우리 문화의 뿌리	널리 인간을 이롭게 하라	초등학교 사회 5학년 2학기(1. 옛사람들의 삶과 문화) / 중학교 역사①(지학사, 대교, Ⅰ. 문명의 형성과 고조선의 성립) / 중학교 역사①(미래엔, Ⅰ. 문명의 형성과 고조선의 성립)
2	고인돌	고인돌이 무덤이라고?	초등학교 사회 4학년 1학기(2. 우리가 알아보는 지역의 역사) / 초등학교 사회 5학년 2학기(1. 옛사람들의 삶과 문화) / 중학교 사회 1학년(천재교육, 8. 문화의 이해와 창조) / 중학교 역사①(천재교육, 동아출판, 지학사, 대교, 교학사 Ⅰ. 문명의 형성과 고조선의 성립)
3	벽화	벽화에서 나온 고구려 무사	초등학교 사회 5학년 2학기(1. 옛사람들의 삶과 문화) / 중학교 역사①(대교, Ⅱ. 삼국의 성립과 발전, 동아출판, 비상교육, Ⅲ. 통일 신라와 발해)
4	열두 띠	하늘나라로 달려간 열두 동물들	초등학교 사회 3학년 2학기(2. 시대마다 다른 삶의 모습) / 초등학교 사회 5학년 2학기(1. 옛사람들의 삶과 문화)
5	경주 유적	신라의 수도 경주로 가 볼까?	초등학교 사회 3학년 1학기(2. 우리가 알아보는 고장 이야기) / 초등학교 사회 5학년 2학기(1. 옛사람들의 삶과 문화)
6	서당	멍멍이도 하늘 천 땅 지	초등학교 사회 5학년 2학기(1. 옛사람들의 삶과 문화, 2. 사회의 새로운 변화와 오늘날의 우리) / 중학교 역사①(미래엔, Ⅳ. 고려의 성립과 발전, 천재교육, 지학사, 미래엔, Ⅵ. 조선의 성립과 발전)
7	문화의 전파	조상님, 왜 일본으로 가셨나요?	초등학교 사회 5학년 2학기(1. 옛사람들의 삶과 문화) / 중학교 역사①(지학사, 대교, 천재교육, 비상교육, 동아출판, Ⅱ. 삼국의 성립과 발전, 천재교육, 대교, 미래엔, Ⅲ. 통일 신라와 발해)
8	화폐	돈 나와라, 뚝딱!	초등학교 사회 3학년 2학기(2. 시대마다 다른 삶의 모습) / 중학교 역사①(대교, Ⅰ. 문명의 형성과 고조선의 성립, 비상교육, 미래엔, 교학사, Ⅱ. 삼국의 성립과 발전, 동아출판, 지학사, 대교, Ⅳ. 고려의 성립과 발전)
9	궁궐	장원 급제한 세자마마	초등학교 사회 3학년 2학기(2. 시대마다 다른 삶의 모습) / 초등학교 사회 5학년 2학기(2. 사회의 새로운 변화와 오늘날의 우리)
10	장인	내 솜씨 한번 볼래?	초등학교 사회 3학년 2학기(2. 시대마다 다른 삶의 모습) / 초등학교 사회 5학년 2학기(1. 옛사람들의 삶과 문화) / 중학교 역사①(미래엔, Ⅵ. 조선의 성립과 발전) / 중학교 과학 1학년(지학사, 3. 상태 변화와 에너지)
11	장승	장승아, 마을을 지켜 줘	초등학교 사회 3학년 1학기(2. 우리가 알아보는 고장 이야기) / 중학교 사회 1학년(교학사, Ⅷ. 문화의 이해와 창조) / 중학교 역사①(지학사, 천재교육, 비상교육, Ⅰ. 문명의 형성과 고조선의 성립)
12	민속 신앙	집 안에 웬 신이 이리 많을까	초등학교 사회 3학년 2학기(2. 시대마다 다른 삶의 모습)
13	설과 추석	떡국 먹고 송편 빚고	초등학교 사회 3학년 2학기(2. 시대마다 다른 삶의 모습)
14	대보름	달아 달아 둥근달아	초등학교 사회 3학년 2학기(2. 시대마다 다른 삶의 모습)
15	단오	향단아, 그네를 밀어라	초등학교 사회 3학년 2학기(2. 시대마다 다른 삶의 모습)
16	탄생	고추 달고 숯 달고	초등학교 사회 3학년 2학기(2. 시대마다 다른 삶의 모습, 3. 가족의 형태와 역할 변화)
17	혼례	연지 찍고 가마 타고	초등학교 사회 3학년 2학기(3. 가족의 형태와 역할 변화) / 중학교 역사①(지학사, 동아출판, Ⅴ. 고려 사회의 변천)
18	장례	꽃가마 탄 할아버지	초등학교 사회 3학년 1학기(2. 우리가 알아보는 고장 이야기) / 초등학교 사회 3학년 2학기(3. 가족의 형태와 역할 변화)
19	민속놀이	어절씨구 한판 놀아 보세	초등학교 사회 3학년 2학기(2. 시대마다 다른 삶의 모습) / 초등학교 사회 4학년 1학기(2. 우리가 알아보는 지역의 역사) / 중학교 역사①(대교, Ⅰ. 문명의 형성과 고조선의 성립, 미래엔, Ⅱ. 삼국의 성립과 발전, 미래엔, 대교, Ⅲ. 통일 신라와 발해, 비상교육, 대교, 미래엔, Ⅴ. 고려 사회의 변천)
20	탈춤	덩더꿍덩더꿍 탈춤을 추자	초등학교 사회 3학년 1학기(2. 우리가 알아보는 고장 이야기) / 초등학교 사회 5학년 2학기(2. 사회의 새로운 변화와 오늘날의 우리)
21	북과 종	북돌이와 종칠이의 꿈	초등학교 사회 3학년 1학기(2. 우리가 알아보는 고장 이야기, 3. 교통과 통신 수단의 변화) / 중학교 역사①(천재교육, 대교, Ⅲ. 통일 신라와 발해)
22	전통 악기	거문고 뜯고 가야금 타고	초등학교 사회 3학년 1학기(2. 우리가 알아보는 고장 이야기) / 중학교 역사①(미래엔, Ⅱ. 삼국의 성립과 발전)
23	전통 음악	최고의 소리꾼이 되고 싶어	초등학교 사회 4학년 1학기(2. 우리가 알아보는 지역의 역사) / 초등학교 사회 5학년 2학기(1. 옛사람들의 삶과 문화) / 중학교 사회 1학년(교학사, Ⅳ. 지역마다 다른 문화, 법문사, Ⅷ. 문화의 이해와 창조)
24	농사	에헤라, 풍년일세!	초등학교 사회 3학년 2학기(1. 환경에 따라 다른 삶의 모습, 2. 시대마다 다른 삶의 모습) / 중학교 사회 1학년(미래엔, Ⅳ. 지역마다 다른 문화, 비상교육, Ⅷ. 문화의 이해와 창조) / 중학교 역사①(천재교육, Ⅵ. 조선의 성립과 발전)
25	밥상	푸짐한 밥상, 소박한 밥상	초등학교 사회 3학년 2학기(2. 시대마다 다른 삶의 모습)
26	전통 떡	쑥덕쑥덕 떡 잔치가 열렸네	초등학교 사회 3학년 2학기(2. 시대마다 다른 삶의 모습) / 초등학교 사회 5학년 2학기(1. 옛사람들의 삶과 문화) / 중학교 사회 1학년(새롬교육, Ⅳ. 지역마다 다른 문화)
27	전통 군음식	이거 한번 먹어 봐	초등학교 사회 3학년 2학기(2. 시대마다 다른 삶의 모습)
28	김치	김치 없이는 못 살아	초등학교 사회 3학년 2학기(2. 시대마다 다른 삶의 모습) / 초등학교 과학 5학년 1학기(5. 다양한 생물과 우리 생활) / 중학교 과학 3학년(지학사, 5. 물질 변화에서의 규칙성) / 중학교 역사①(미래엔, Ⅱ. 삼국의 성립과 발전) / 중학교 사회 1학년(법문사, 교학사, 대교, 금성, Ⅷ. 문화의 이해와 창조)
29	메주	쿠크 별로 간 된장	초등학교 사회 3학년 2학기(2. 시대마다 다른 삶의 모습) / 초등학교 과학 5학년 1학기(5. 다양한 생물과 우리 생활) / 중학교 과학 1학년(삼화, 2. 분자의 운동) / 중학교 사회 1학년(대교, Ⅳ. 지역마다 다른 문화)
30	장날	아빠, 장 보러 가요	초등학교 사회 4학년 2학기(2. 필요한 것의 생산과 교환) / 초등학교 사회 5학년 2학기(2. 사회의 새로운 변화와 오늘날의 우리)
31	팔도 음식	전주비빔밥에 안동 식혜	초등학교 사회 3학년 2학기(1. 환경에 따라 다른 삶의 모습, 2. 시대마다 다른 삶의 모습)
32	조선의 명화	앗, 김홍도 할아버지다!	초등학교 사회 5학년 2학기(1. 옛사람들의 삶과 문화, 2. 사회의 새로운 변화와 오늘날의 우리)
33	전통 문양	단청아, 넌 너무 예뻐	초등학교 사회 5학년 2학기(1. 옛사람들의 삶과 문화) / 중학교 역사①(미래엔, Ⅱ. 삼국의 성립과 발전, 대교, 미래엔, Ⅲ. 통일 신라와 발해, 대교, Ⅳ. 고려의 성립과 발전, 미래엔, Ⅴ. 고려 사회의 변천)